Guía de lectura atenta

...all rights reserved.
McGraw-Hill Education
Two Penn Plaza
New York, New York 10121

Mc
Graw
Hill
Education

Cover and Title pages: Nathan Love

www.mheonline.com/lecturamaravillas

Send all inquiries to:
McGraw-Hill Education
Two Penn Plaza
New York, New York 10121

ISBN: 978-0-02-134187-0
MHID: 0-02-134187-7

Printed in the United States of America.

2 3 4 5 6 7 8 9 RMN 20 19 18 17 16 15

A

(t) Shelley Rotner; (b) Raquel Jaramillo

A visitar lugares

En el vecindario

(t) Robert La Follette, Parque Zoológico Lowry, Tampa, Florida; (b) Brand X Pictures/PunchStock

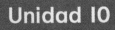
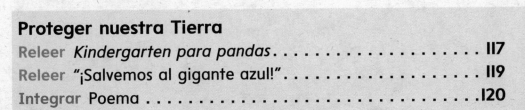

Así se hicieron amigos

COLABORA

¿? **Escucha** ¿Qué palabra te ayuda a saber qué siente la mariposa cuando descubre al osito? Dibuja la mariposa. Escribe la palabra.

Superlibro de literatura

Leer juntos

LECTURA ATENTA

Consejo de la semana

Hector

Cuando **vuelvo a leer**, escucho atentamente para comprender bien.

La mariposa siente

_____

- - - - - - - - - - - - - - - - - - - -

_____

Ken Cavanagh/McGraw-Hill Education

 COLABORA

¿? **Mira** ¿Cómo cambian los sentimientos del osito cuando la mariposa se acerca? Dibújalo.

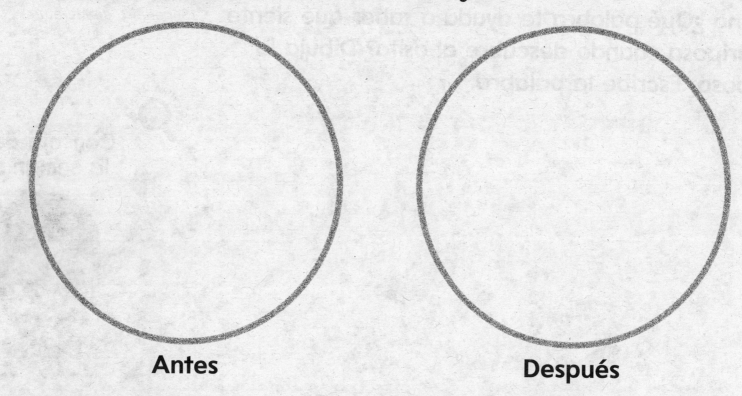

Antes   **Después**

Los sentimientos del osito cambian de

_____

- -

_____

Releer

Leer juntos

"Hacer amigos"

COLABORA

¿? Busca claves ¿Qué maneras de llevarse bien encuentran los amigos? Encierra en un círculo las claves.

Estas son maneras de llevarse bien.
1. Escuchar
2. Compartir
3. Jugar limpio

Jose Luis Pelaez/Iconica/Getty Images

Los amigos

_____

- -

_____

COLABORA

Mira ¿Qué hacen los amigos? En esta ilustración se muestra un grupo de vecinos en una fiesta. Encierra en un círculo las claves que indican que es una fiesta.

Acuérdate
Puedo buscar claves en las ilustraciones.

Leer juntos

ImageZoo/SuperStock

Los amigos

_____

- -

_____

¡A la bolsa!

COLABORA

¿? **Mira** ¿Cómo muestran las ilustraciones que Popi está hablando? Dibuja lo que Popi dice que quiere hacer.

Superlibro de literatura

Leer juntos

Las palabras que dice Popi son

_____

- -

_____

LECTURA ATENTA

Consejo de la semana

Katie

Cuando **vuelvo a leer**, miro las palabras con atención.

AbitofSAS photography www.abitofsas.com/Moment Open/Getty Images

Mira ¿Por qué los canguros bebé dicen "¡Ni hablar!" al final del cuento? Dibújalo.

Los canguros bebé quieren

_____

- -

_____

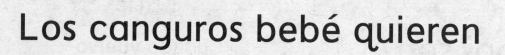

"¡Bebés en movimiento!"

COLABORA

¿? **Busca claves** ¿Cómo te ayudan las palabras y la fotografía a saber qué observa la niña con binoculares? Encierra en un círculo las claves.

Una bandada de pájaros

La niña observa

_____

- -

_____

Escucha ¿Cómo se mueven los pollitos? Encierra en un círculo las palabras que lo indican.

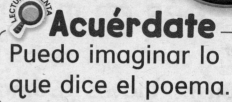

Acuérdate
Puedo imaginar lo que dice el poema.

Los pollitos

Son preciosos
mis pollitos
menuditos.
Son tan tiernos,
tan chiquitos,
tan sedosos,
tan finitos,

que en el mundo
no hay pollitos
tan bonitos.
Pían, corren,
hurgan, saltan,
buscan, chillan,
vienen, van,

se pelean
como locos
por un pedazo
de pan.

Olegario Víctor Andrade

Los animales bebé se mueven

_____

- -

_____

Los sentidos en la playa

Superlibro de literatura

COLABORA

¿? **Mira** ¿Qué puedes aprender sobre la playa por medio de los sentidos? Dibuja claves.

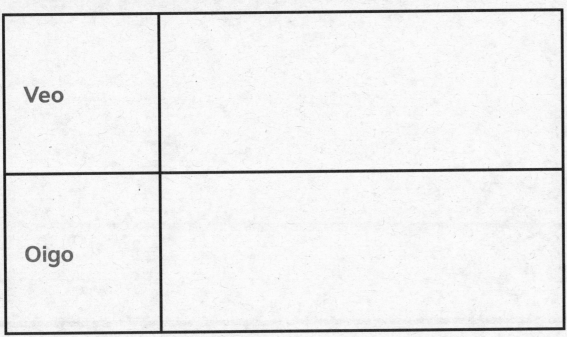

Veo	
Oigo	

Sappington Todd/Getty Images

Con mis sentidos

_____

- - - - - - - - - - - - - - - - - -

_____

LECTURA ATENTA

Consejo de la semana

Kim

Cuando **vuelvo a leer**, miro las fotos para comprender mejor.

¿? **Escucha** ¿Qué palabra se usa para describir las algas?
Dibuja las algas. Escribe la palabra.

Las algas son

_____

- -

_____

"Lección"

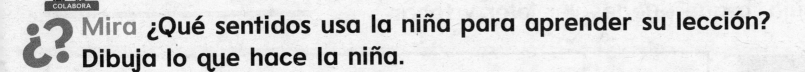

Mira ¿Qué sentidos usa la niña para aprender su lección?
Dibuja lo que hace la niña.

Los sentidos que usa la niña son

_____

_____

COLABORA

Mira ¿Cómo puedes aprender sobre las flores?
Escribe o dibuja lo que puedes ver, oler y tocar.

LECTURA ATENTA

Acuérdate
Uso mis sentidos.

Leer juntos

Ver	
Oler	
Tocar	

Rijksmuseum - Amsterdam

Los sentidos me ayudan a

_____

- -

_____

Al alcance de la mano

Superlibro de literatura

Leer juntos

COLABORA

¿? **Mira** ¿En qué se parecen y en qué se diferencian las fotos de los niños que cavan? Dibújalo.

Igual	Diferente

Para cavar en la tierra puedes usar

_____

- -

_____

LECTURA ATENTA

Consejo de la semana

Logan

Cuando **vuelvo a leer**, observo las fotos y las comparo.

KidStock/Blend Images/Getty Images

¿? **Escucha** **¿Para qué están muy "a mano" las manos? Dibújalo.**

Las manos sirven para mostrar

"Cosas que usamos para descubrir"

COLABORA

¿? **Busca claves** ¿Para qué se usan estas herramientas? Encierra las claves en un círculo.

Estas herramientas sirven para descubrir

_____

- -

_____

Estas herramientas sirven para descubrir

_____

- -

_____

Leer juntos

Escucha Esta canción habla de algunas herramientas que se usan para trabajar. Dibújalas. ¿Qué herramientas usas en la escuela?

LECTURA ATENTA

Acuérdate

Pienso en las herramientas que uso.

Con mi martillo

Con mi martillo, martillo, martillo,
con mi martillo, martillo yo.

Con mi serrucho, serrucho, serrucho,
con mi serrucho, serrucho yo.

En la escuela uso

_____

- -

_____

Figuras por todas partes

¿? **Mira** ¿Qué cosas de las que ves en las fotos has visto en la vida real? Dibújalas.

Superlibro de literatura

Veo cuadrados en

_____

- - - - - - - - - - - - - - - - - - -

_____

LECTURA ATENTA

Consejo de la semana

María

Cuando **vuelvo a leer**, miro las fotos.

Ken Cavanagh/McGraw-Hill Education

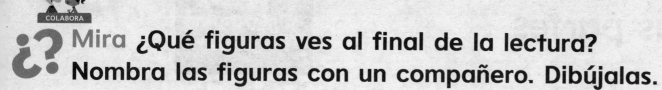

Mira ¿Qué figuras ves al final de la lectura?
Nombra las figuras con un compañero. Dibújalas.

Las figuras que veo son

_____

- -

_____

"¿Dónde están las figuras?"

COLABORA

¿? **Busca claves** Traza el contorno de la sandía y el de la naranja.
¿En qué se diferencian estas frutas?

La sandía tiene forma de

_____

- -

_____

La naranja tiene forma de

_____

- -

_____

Mira ¿Qué figuras aparecen en la foto? Encierra en un círculo dos figuras que forman una nueva figura cuando están juntas. Dibújalo.

LECTURA ATENTA

Acuérdate
Puedo pensar en las formas que veo.

supermimicry/iStock/Getty Images

Se puede formar un cuadrado con

_____

- - - - - - - - - - - - - - - - -

_____

¿Dónde está Juan Perol, el caracol?

COLABORA

Superlibro de literatura

¿? **Mira** ¿Cómo se mueve el caracol cuando "sale a la carrera"? Dibújalo.

LECTURA ATENTA

Consejo de la semana

Yasmin

Cuando **vuelvo a leer**, busco claves en las ilustraciones.

El caracol se mueve

_____

_____

_____

Visage/Stockbyte/Getty Images

Escucha **¿Qué tienen de especial las últimas palabras de cada línea? Enciérralas en un círculo.**

> Estoy sentado delante
>
> de esta flor tan elegante.

Las últimas palabras de cada línea

_____

- -

_____

"¡Insectos por todas partes!"

COLABORA

¿? **Busca claves** ¿Cómo te ayuda la foto a comprender que no es seguro tocar a los insectos? Encierra las claves en un círculo.

(ladybugs) Fotosearch/Getty Images; (r) Bananastock/age fotostock

Los insectos están en

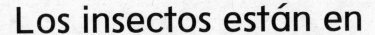

_____

- -

_____

Mira ¿Qué insectos ves? ¿Por qué el apicultor usa ropa especial? Encierra en un círculo la ropa especial que usa.

Acuérdate
LECTURA ATENTA
Puedo buscar claves en las fotos.

Leer juntos

COLABORA

Los apicultores obtienen miel de las colmenas.

El apicultor usa ropa especial

_____

- - - - - - - - - - - - - - - - -

_____

¿Cómo van los dinosaurios a la escuela?

COLABORA

¿?

Escucha ¿Los dinosaurios siguen las reglas al principio del cuento? Dibuja lo que hacen los dinosaurios al llegar a la escuela.

Superlibro de literatura

LECTURA ATENTA

Consejo de la semana

Leo

Cuando **vuelvo a leer**, imagino lo que hacen los personajes.

Al principio, los dinosaurios

_____

- -

_____

©DreamPictures/Vanessa Gavalya/Blend Images/Corbis

Leer juntos

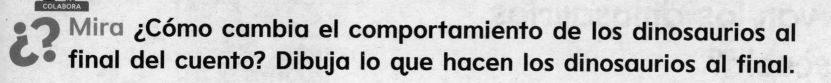

¿? **Mira** ¿Cómo cambia el comportamiento de los dinosaurios al final del cuento? Dibuja lo que hacen los dinosaurios al final.

Al final del cuento, los dinosaurios

_____

- - - - - - - - - - - - - - - - - -

_____

"Las reglas nos protegen"

COLABORA

¿? **Busca claves** ¿Qué reglas siguen los niños? Encierra en un círculo las claves.

Este niño

_____

- -

_____

Estos niños

_____

- -

_____

COLABORA

Mira ¿Qué reglas siguen los niños? Coméntalo con un compañero. Escribe una de las reglas.

Niños en un puesto de limonada.

Limonada 25¢

Leer juntos

LECTURA ATENTA

Acuérdate
Pienso en las reglas que debo seguir en diferentes lugares.

Regla

Una regla que siguen los niños es

_____

- -

_____

La ratita presumida

Superlibro de literatura

Mira ¿Por qué crees que José Antonio López Parreño usa diferentes tipos y tamaños de letra? Busca una palabra en letras grandes. Escríbela.

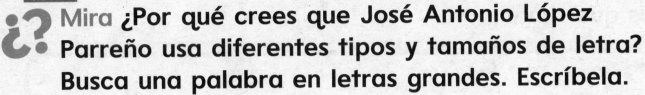

Las palabras en letras grandes representan

_____

- -

_____

LECTURA ATENTA

Consejo de la semana

Amelia

Cuando **vuelvo a leer**, miro atentamente las palabras.

Leer juntos

McGraw-Hill Education

COLABORA

¿? **Escucha** ¿Por qué José Antonio López Parreño eligió la palabra "coloreso" en vez de "colorado" al final del cuento? Encierra en un círculo las palabras que riman.

Y, colorín coloreso,

se dieron un beso

que les supo a queso.

La palabra *coloreso*

_____

- -

_____

"Sonidos por todas partes"

COLABORA

¿? **Busca claves** ¿Por qué crees que el autor incluyó las palabras *tan, tan, rataplán* y *tararí, tarará*? Encierra en un círculo los instrumentos que hacen esos sonidos.

Golpeamos los tambores
y salen los sonidos.
¡Tan, tan, rataplán!

¡Tan, tan, rataplán! es

_____

- - - - - - - - - - - - - - - - - - - -

_____

Soplamos la trompeta
y salen los sonidos.
¡Tararí, tarará!

¡Tararí, tarará! es

_____

- - - - - - - - - - - - - - - - - - - -

_____

COLABORA

Leer juntos

Escucha ¿Qué palabras de la canción representan sonidos? Subráyalas. ¿Qué sonido representan?

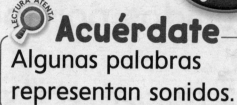

Acuérdate
Algunas palabras representan sonidos.

Din dan don

Din dan, din don dan,
campanitas sonarán.

Din dan, din don dan,
que a los niños dormirán.

Dindilín dandalán dandalán dan,
las estrellas brillarán.

Cierra los ojos y duérmete ya,
porque la noche muy pronto vendrá.
Dan, dan, dan.

Las palabras representan el sonido de

_____

- -

_____

Lo que más me gusta

COLABORA

Leer juntos

Superlibro de literatura

Mira ¿Por qué crees que Ivar Da Col prefirió no dibujar al perro en la primera página del cuento? Dibuja al personaje que cuenta el cuento.

Descubrimos que el perro cuenta el cuento

Consejo de la semana

LECTURA ATENTA

Sara

Cuando **vuelvo a leer**, pienso quién cuenta el cuento.

Sam74100/iStock/Getty Images Plus/Getty Images

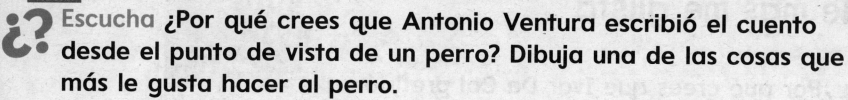

Escucha **¿Por qué crees que Antonio Ventura escribió el cuento desde el punto de vista de un perro? Dibuja una de las cosas que más le gusta hacer al perro.**

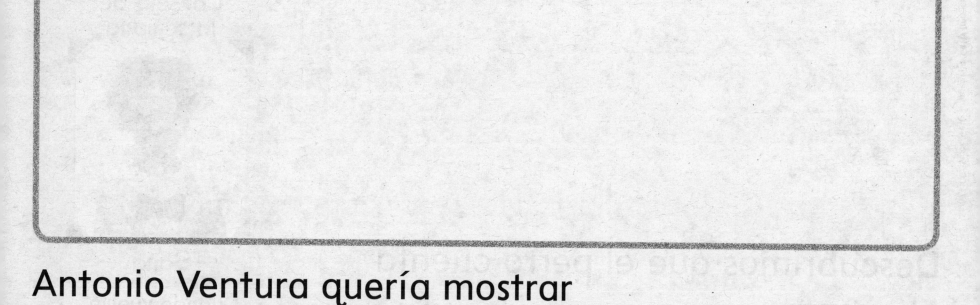

Antonio Ventura quería mostrar

"El vecindario"

COLABORA

¿? **Busca claves** ¿Qué muestra el mapa de la primera página?
Encierra en un círculo las claves.

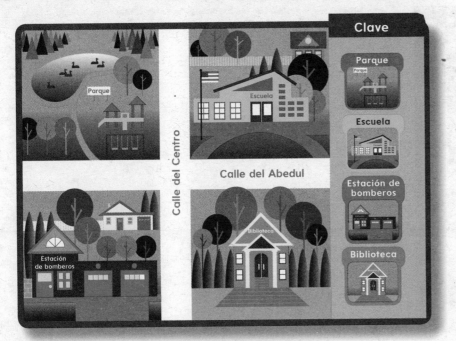

Este es el mapa de mi vecindario.
¿Vamos a visitar los lugares que
se ven aquí?

El mapa muestra

_____

- -

_____

COLABORA

Mira ¿Qué puedes comprar en el mercado de granjeros? Encierra en un círculo las claves. Dibuja otras cosas que puedes comprar allí.

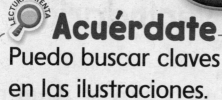

LECTURA ATENTA
Acuérdate
Puedo buscar claves en las ilustraciones.

En el mercado de granjeros podemos comprar

_____

- -

_____

¿De quién son estos zapatos?

¿De quién son estos zapatos?
Un zapato para cada trabajo
Stephen R. Swinburne

Superlibro de literatura

COLABORA

Mira ¿Qué claves te ayudan a saber por qué el niño del trineo usa botas? Dibuja o escribe las claves.

Jose Luis Pelaez Inc/Blend Images/Getty Images

LECTURA ATENTA

Consejo de la semana

Michael

El niño usa botas porque

_____

- - - - - - - - - - - - - - - - -

_____

Cuando **vuelvo a leer**, busco claves en las fotos y en las palabras.

Leer juntos

Leer juntos

COLABORA

Escucha ¿Cómo cambia la selección cuando se habla de los trabajos? Encierra en un círculo la respuesta.

Cuando se habla de los trabajos	
Se repite la pregunta "¿De quién son estos zapatos?". Se muestra un trabajo.	Las letras son más grandes. Se habla de los trabajos en la granja.

Cuando se habla de los trabajos,

_____

- -

_____

"Los trabajadores y las cosas que usan"

COLABORA

¿? **Busca claves** ¿Cómo te ayudan las fotos pequeñas a saber qué hace cada trabajador? Encierra en un círculo las claves.

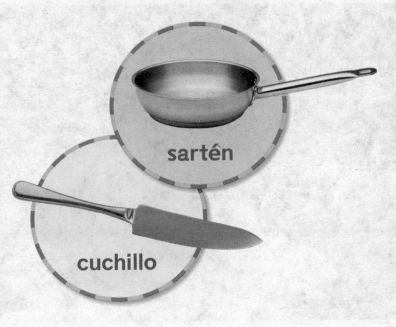

sartén

cuchillo

Las fotos me ayudan porque muestran

_____

- -

_____

(l)Tetra Images/Tetra Images/Getty Images; (tr)Image Source/PunchStock; (br)Ingram Publishing/SuperStock

COLABORA

Mira ¿Qué está fabricando este hombre? Encierra en un círculo las claves. Comenta cómo usa las herramientas. Dibuja una de sus herramientas.

LECTURA ATENTA

Acuérdate
Miro con atención las fotos para hallar claves.

El hombre mide el grosor de la madera.

syolacan/E+/Getty Images

El hombre usa herramientas para fabricar

¿Qué puedes hacer con una paleta?

COLABORA

¿? **Escucha** ¿Qué palabras te ayudan a saber cómo es el barrio? Dibuja el barrio.

Superlibro de literatura

Tetra Images-Mike Kemp/Brand X Pictures/Getty Images

LECTURA ATENTA

Consejo de la semana

Emma

Cuando **vuelvo a leer**, busco claves en las palabras.

En el barrio puedes

_____

- - - - - - - - - - - - - - - - - - - -

_____

COLABORA

¿? **Mira** ¿Cómo se siente la niña con la paleta?
Dibuja pistas aquí.

La niña se siente

_____

- -

_____

"Feria mundial"

COLABORA

¿? **Busca claves** ¿Cómo cambian los sentimientos de Kira? Encierra las claves en un círculo.

Illustration: Mike Reed

Al principio, Kira

_____

- -

_____

Ahora, Kira

_____

- -

_____

Leer juntos

Escucha ¿Qué vecinos se mencionan en la canción?
Subráyalo.

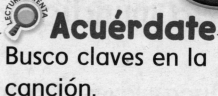

Acuérdate
Busco claves en la canción.

Cucú, cantaba la rana

Cucú, cucú, cantaba la rana.
Cucú, cucú, debajo del agua.

Cucú, cucú, pasó un caballero,
Cucú, cucú, de capa y sombrero.
Cucú, cucú, pasó una señora,
Cucú, cucú, con traje de cola.
Cucú, cucú, pasó un marinero,
Cucú, cucú, vendiendo romero.

Los vecinos de la canción son

_____

- -

_____

¡Llegaron las ballenas!

COLABORA

Escucha Cuando el niño está escuchando la caracola, ¿qué tienen de especial la última palabra de la segunda y de la cuarta líneas? Encierra las palabras en un círculo. Léelas en voz alta.

Superlibro de literatura

mar	espuma	sol
palmar	arena	tibia

Las palabras *mar* y *palmar*

_____

- -

_____

rubberball/Getty Images

LECTURA ATENTA

Consejo de la semana

Ben

Cuando **vuelvo a leer**, presto atención a las palabras.

Leer juntos

¿? **Escucha** ¿Qué representan las palabras *¡pan-pan-rataplán!* cuando las ballenas saltan? Dibuja las ballenas.

Las palabras representan

_____

- -

_____

"Un huerto comunitario"

COLABORA

Busca claves ¿Por qué se usan las palabras *primero, luego* y *por último*? Subraya las palabras.

Para crecer, las plantas necesitan agua y luz solar.

Primero, preparan la tierra.

Luego, siembran en ella las semillas de verduras y flores.

Por último, riegan el suelo.

Las palabras indican

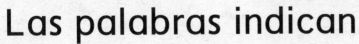

_____

- -

_____

Mira ¿Cómo colaboran con la comunidad las personas de la foto? Dibuja lo que hacen.

Acuérdate
Puedo encontrar claves en las fotos.

Jupiterimages/Brand X/Alamy

Una forma de colaborar es

_____

- -

_____

La hormiguita Ita

COLABORA

Superlibro de literatura

Mira ¿Cómo sabes qué es imaginario y qué es real para Ita? Dibuja una situación imaginada por Ita.

Leer juntos

Andreas Rodriguez/iStock/Getty Images Plus/Getty Images

LECTURA ATENTA

Consejo de la semana

Amanda

Lo que imagina Ita se muestra

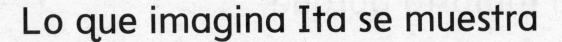

Cuando **vuelvo a leer**, miro las ilustraciones para comprender mejor.

Mira Observa el momento en el que Ita ve la margarita.
¿Qué información dan el texto y las ilustraciones acerca
del género del cuento? Dibújalo.

Sé que el texto es una fantasía porque

_____

- -

_____

"¿Cómo ocurrió?"

COLABORA

¿? **Busca claves** ¿Cómo se siente el niño al final del poema?
Observa las ilustraciones y encierra en un círculo las claves.

Illustration ©: Judith Moffatt

Al final del poema, el niño

_____

- -

_____

COLABORA

Acuérdate
Presto atención a las claves del poema.

Escucha ¿Qué frutas y verduras se cultivan en el huerto del poema? Dibújalas.

El huerto

Colorada es la manzana
del lado que le da el sol;
del lado que no le da,
blanco tiene su color.

El pimiento ha de ser verde;
los tomates, colorados;
la berenjena, espinosa,
los ojitos entornados.

En los huertos se cultivan

_____

- -

_____

El viejo árbol

Leer juntos

COLABORA

¿? **Escucha** ¿Qué palabras usa Mary Newell Depalma para hacer que el árbol parezca una persona? Escríbelas.

El viejo árbol
MARY NEWELL DEPALMA

Superlibro de literatura

Teresa Short/Moment/Getty Images

El árbol parece una persona porque

_____

- -

_____

LECTURA ATENTA

Consejo de la semana

Charlie

Cuando **vuelvo a leer**, busco detalles sobre el árbol.

COLABORA

¿? **Mira** ¿Por qué Mary Newell Depalma presenta las palabras una arriba de la otra cuando habla de las raíces? Dibuja un árbol. Escribe un rótulo.

Las palabras me recuerdan

_____

- -

_____

"De la semilla al árbol"

COLABORA

Busca claves ¿Qué te enseñan las fotos sobre las semillas de las manzanas? Encierra las claves en un círculo.

Las semillas de manzana

_____

- -

_____

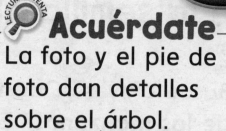

Leer juntos

COLABORA

Mira ¿Qué puedes aprender por la foto y el pie de foto? Coméntalo con un compañero. ¿Qué edad tiene este árbol? Escríbelo.

Acuérdate

La foto y el pie de foto dan detalles sobre el árbol.

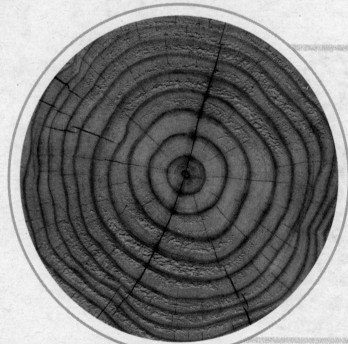

En esta foto se ven los anillos del tronco de un árbol. Cada anillo representa un año.

Imagemore/Glow Images

La foto y el pie de foto indican

_____

- -

_____

Naranja de enero

COLABORA

¿? **Mira** ¿Cómo te ayudan las ilustraciones a saber cómo es el viaje de la naranja? Dibuja uno de los lugares por los que pasa.

Superlibro de literatura

Steve Debenport/iStock/Getty Images Plus/Getty Images

El viaje es

_____

- -

_____

LECTURA ATENTA

Consejo de la semana

Pedro

Cuando **vuelvo a leer**, las ilustraciones me ayudan a comprender.

¿? **Mira** Mira la ilustración del niño en la cocina de su casa. ¿Qué otras cosas, como la naranja, "llevan las estaciones pasadas" bajo su piel? Dibújalas. Escribe rótulos.

Otras cosas que "llevan las estaciones pasadas" bajo su piel son

_____

- -

_____

"El mercado"

COLABORA

¿? **Busca claves** ¿Qué muestran las fotos sobre los lugares donde venden sus productos los granjeros? Encierra las claves en un círculo.

Los granjeros venden sus productos

_____

- -

_____

COLABORA

Mira ¿En qué se parece esta granja a la granja de *Naranja de enero*? ¿En qué se diferencia? Dibújalo o escríbelo.

Acuérdate
LECTURA ATENTA

Puedo comparar ilustraciones.

Stephen F. Hayes/Photodisc/Getty Images

Semejanzas	Diferencias

En las granjas se cultivan

_____

- -

_____

Colibrí y la lluvia

COLABORA

COLIBRÍ Y LA LLUVIA

Superlibro de literatura

¿? **Escucha** ¿Qué palabras te ayudan a comprender que hace mucho que no llueve? Enciérralas en un círculo.

seca	pasto	sediento
néctar	Ven, lluvia.	pichones

Olena_T/iStock/Getty Images Plus/Getty Images

Sé que hace mucho que no llueve por palabras como

_____

- - - - - - - - - - - - - - - - - - -

_____

LECTURA ATENTA

Consejo de la semana

Zoe

Cuando **vuelvo a leer**, busco claves en las palabras.

Mira ¿Cómo te ayudan las ilustraciones a comprender que hace mucho que no llueve? Dibújalo.

Las ilustraciones muestran que

_____

- -

_____

"La nieve crece"

¿? **Busca claves** ¿Qué cosas relacionadas con la palabra *amor* puedes ver en la ilustración? Encierra las claves en un círculo.

La nieve crece

¡Mira! La nieve crece en invierno,
las plantas en el verano,
y el amor crece en el mundo
durante todito el año.

Tradicional

Illustration ©: Steven Mach

La ilustración muestra

_____

- -

_____

COLABORA

Mira ¿Qué claves de la pintura indican qué estación es? Dibuja o escribe las claves.

LECTURA ATENTA

Leer juntos

Acuérdate
Encuentro claves en la pintura.

image courtesy National Gallery of Art

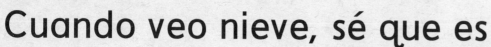

Cuando veo nieve, sé que es

La lluvia

COLABORA

¿? **Mira** ¿Cómo te ayudan los colores de la ilustración del rinoceronte a comprender cómo está el tiempo? Dibuja el paisaje. Escribe los rótulos *rojo*, *amarillo* y *gris*.

Andersen Ross/Blend Images/Getty Images

El tiempo está

Superlibro de literatura

LECTURA ATENTA

Consejo de la semana

Luis

Cuando **vuelvo a leer**, presto atención a los colores de las ilustraciones.

COLABORA

¿? **Escucha** **¿Cómo es la tormenta? Escribe las palabras que te ayudan a saberlo.**

La tormenta es

_____

- -

_____

"Buscadores de nubes"

COLABORA

¿? **Busca claves** ¿Qué claves dan las palabras sobre el estado del tiempo en los diferentes días de la semana? Enciérralas en un círculo.

MARTES

Está nublado, pero no llueve.

MIÉRCOLES

Esas nubes oscuras se llaman cumulonimbos. Traen lluvia y tormentas.

(l) Alan Marsh/Design Pics; (r) Natural Selection John Bracchi/Design Pics

El martes

_____

- - - - - - - - - - - - - - - - - - - -

_____

El miércoles

_____

- - - - - - - - - - - - - - - - - - - -

_____

COLABORA

Mira ¿Qué puedes decir sobre el tiempo a partir de la foto? Escribe o dibuja las claves.

Acuérdate
Las fotos dan claves sobre el tiempo.

Ariel Skelley/Blend Images LLC

En un día de verano, el tiempo es

_____

- -

_____

En casa de mis abuelos

COLABORA

Superlibro de literatura

¿? **Escucha** ¿Por qué en este cuento son tan importantes las medias de la abuela? Dibuja una de las cosas que hace la abuela con las medias.

Ariel Skelley/Blend Images/Getty images

La abuela usa las medias para

_____

- -

_____

LECTURA ATENTA

Consejo de la semana

Paula

Cuando **vuelvo a leer**, presto atención a los detalles.

¿? **Mira** ¿Qué sucede durante una tormenta? Dibújalo.

Durante una tormenta, el cielo

_____

- - - - - - - - - - - - - - - - - -

_____

"Al mal tiempo... ¡precauciones!"

Busca claves ¿De qué manera las imágenes te ayudan a comprender cómo nos protegemos del mal tiempo? Encierra en un círculo las claves.

Para protegerse de la nieve, la niña

_____

- -

_____

COLABORA

Mira ¿Cómo se protege del mal tiempo esta familia? Encierra las claves en un círculo. Dibuja cómo crees que está el tiempo afuera.

Acuérdate
Puedo buscar claves en las fotos.

Goodshoot/Getty Images Plus/Getty Images

Una forma de protegerse del mal tiempo es

_____

- -

_____

Nacidos en el zoo

COLABORA

Nacidos en el zoo

Superlibro de literatura

¿? **Escucha** ¿A qué animal se parece Kai?
¿Con qué animal está emparentado? Dibújalo.

Kai se parece a   **Kai está emparentado con**

Las hienas están emparentadas con

_____

- -

_____

LECTURA ATENTA

Consejo de la semana

Steve

Cuando **vuelvo a leer**, pienso en la relación entre las palabras y las fotos.

Leer juntos

3sbworld/iStock/Getty Images Plus/Getty Images

COLABORA

¿? **Mira** ¿Qué puedes aprender sobre el ocelote a partir de la foto? Encierra en un círculo lo que ves en la foto. Dibuja la mascota a la que se parece el ocelote.

El ocelote tiene _____.

bigotes

pelaje suave

trompa

manchas

un caparazón

El ocelote bebé se parece a

_____

- -

_____

"¿Cómo comen?"

Leer juntos

¿? **Busca claves** ¿Cómo ayuda la mamá jirafa a la jirafita? **Encierra las claves en un círculo.**

¿Cómo comen?

Mamá jirafa come
y también come la jirafita.

Mamá come sin prisa;
la jirafita da dos, tres saltitos...
prueba y nada pasa,

no alcanza y se agita.
A empujoncitos, mamá
la lleva a otra ramita.

Entonces, ella come las hierbas altas;
y la jirafita, las que están bajitas.

Yolanda Blanco

Illustration ©: Sérgio di Georgi

Para ayudar a la jirafita, la mamá jirafa

_____

- -

_____

Integrar

COLABORA

Mira Encierra en un círculo dos animales. Escribe en qué se parecen y en qué se diferencian.

LECTURA ATENTA

Acuérdate

Pienso en qué se parecen y se diferencian las cosas.

Leer juntos

Semejanzas	Diferencias

Dorling Kindersley/Dorling Kindersley RF/Getty Images

Algunos animales

_____

- -

_____

El zoo de Joaquín

COLABORA

EL ZOO DE JOAQUÍN

Superlibro de literatura

¿? **Escucha** ¿Qué palabra rima con *feo*? Enciérrala en un círculo.

pájaro   ramitas   despeinado

aseo   plumero   poco

La palabra que rima con *feo* es

_____

- - - - - - - - - - - - - - - - - - - -

_____

LECTURA ATENTA

Consejo de la semana

Lucas

Cuando **vuelvo a leer**, presto atención a las palabras que riman.

Nga Nguyen/Moment/Getty Images

COLABORA

Leer juntos

¿? **Mira** **¿Cómo te ayuda la ilustración del elefante a comprender que puede hacer ruido con su trompa? Dibújalo.**

En la ilustración, la trompa del elefante

_____

- -

_____

"La mascota perfecta"

COLABORA

¿? **Busca claves** ¿De qué manera la ilustración te ayuda a comprender que la mascota perfecta es un hámster? Encierra en un círculo la respuesta.

Sarah Dillard

Sé que la mascota perfecta es el hámster porque

_____

- -

_____

Mira ¿Qué siente la niña por su conejo? Encierra las claves en un círculo. Escríbelo.

Claudia Red Chopsticks Images/Westend61/Getty Images

Las mascotas necesitan

El viaje

COLABORA

Superlibro de literatura

Escucha ¿Piensas que Tac es precavido? ¿Cómo lo sabes? Dibuja algunas de las cosas que Tac lleva para el viaje.

Leer juntos

LECTURA ATENTA

Consejo de la semana

Kelly

Cuando **vuelvo a leer**, busco claves en el texto.

Pienso que Tac

_____

_____

Jupiterimages/Stockbyte/Getty Images

COLABORA

Leer juntos

Mira **¿Qué patrón notas en la historia? ¿Qué cambia a lo largo del viaje? Dibuja lo que sucede cuando Tac comienza a volar.**

Cuando Tac vuela

_____

- -

_____

"Hábitats de animales"

COLABORA

¿? **Busca claves** ¿Cómo te ayudan la foto y las ilustraciones a entender dónde vive el perrito de las praderas? Encierra las claves en un círculo.

Perrito de las praderas

(bkgd) Jeff Foott/Discovery Channel Images/Getty Images; (insets) Mike Maydak

La foto y las ilustraciones muestran

_____

- -

_____

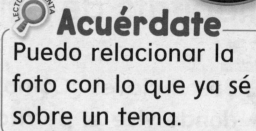

COLABORA

Mira ¿Qué información te da la foto sobre el lugar donde viven las suricatas? Encierra las claves en un círculo.

Acuérdate
Puedo relacionar la foto con lo que ya sé sobre un tema.

Una suricata y su cachorro mirando desde su madriguera.

Jonathan Heger/E+/Getty Images

Las suricatas viven

_____

- -

_____

La familia Numerozzi

COLABORA

¿? **Mira** ¿Cómo te ayudan el texto y las ilustraciones a entender cómo se despertaron los Numerozzi? Dibuja las claves.

Superlibro de literatura

Los Numerozzi se despertaron

_____

_____

LECTURA ATENTA

Consejo de la semana

Amy

Cuando **vuelvo a leer**, busco claves en las palabras y las ilustraciones.

Mira ¿Cómo te ayuda la ilustración a comprender lo que dice el texto cuando Máximo se va a bañar? Dibújalo.

La ilustración muestra que Máximo saltó a la tina

"De un lugar a otro"

COLABORA

¿? **Busca claves ¿Cómo observas el paso del tiempo?**
Encierra en un círculo las claves.

Más tarde, apareció el tren. Pero el viaje en tren tampoco era muy cómodo.

Después, llegó el carro. Al principio, poca gente viajaba en carro.

Luego, algunas personas comenzaron a viajar en aviones pequeños y ruidosos.

Sé que pasa el tiempo porque

_____

_____

_____

Leer juntos

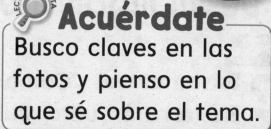

Mira ¿Esta foto muestra un tren de hoy en día o del pasado? Coméntalo con un compañero. Encierra las claves en un círculo. Escribe palabras sobre el tren.

Acuérdate
Busco claves en las fotos y pienso en lo que sé sobre el tema.

Tren japonés en el andén.

Ingram Publishing

El tren es

Ana va a Washington D. C.

COLABORA

Leer juntos

¿? **Mira** ¿Por qué Angela Dominguez incluye fotos en el mapa? Encierra en un círculo las opciones correctas.

Para mostrar que los lugares son reales.

Para mostrar cómo son los lugares.

Para mostrar dónde vive Ana.

Las fotos del mapa muestran

_____

- - - - - - - - - - - - - - - - -

_____

LECTURA ATENTA

Consejo de la semana

John

Cuando **vuelvo a leer**, presto atención a las fotos.

Jetta Productions/Blend Images/Getty Images Plus/Getty Images

Mira ¿Qué imágenes muestran cosas reales? ¿Cuáles muestran cosas imaginarias? Dibújalo.

Cosas reales	Cosas imaginarias

Las fotos muestran

_____

- -

_____

Las ilustraciones muestran

_____

- -

_____

"Conozcamos nuestro país"

COLABORA

¿? **Busca claves** ¿Cómo te ayudan las dos fotos a comprender mejor el texto? Encierra las claves en un círculo.

Los cuatro presidentes que aparecen en el monte Rushmore son George Washington, Thomas Jefferson, Theodore Roosevelt y Abraham Lincoln.

(l)S. Solum/PhotoLink/Getty Images; (r)Photodisc/Punchstock

Las dos fotos me ayudan a comprender

_____

_____

_____

Escucha La bandera es un símbolo de nuestro país. ¿Qué dice el poema que debemos hacer cuando pasa la bandera? Subraya las claves.

Acuérdate
Pienso en lo que ya sé sobre un tema.

Pasa la bandera

¡Quítense los sombreros!
Por las calles llegan
un estruendo de cornetas,
un bullicio de tambores,
un destello de color bajo el cielo.
¡Quítense los sombreros!
¡Pasa la bandera!

Pixtal/age fotostock

Cuando pasa la bandera

La Luna es un queso

COLABORA

 Mira ¿Cómo transmiten las ilustraciones la idea de que la Luna parece un queso? Dibújalo.

Superlibro de literatura

LECTURA ATENTA

Consejo de la semana

Elena

La Luna parece un queso porque

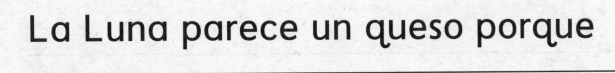

_____

_____

Cuando **vuelvo a leer**, presto atención a las ilustraciones.

FogStock/Alamy

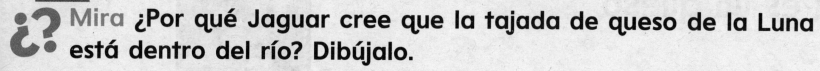

Leer juntos

COLABORA

¿?

Mira **¿Por qué Jaguar cree que la tajada de queso de la Luna está dentro del río? Dibújalo.**

Jaguar ve

"El cielo de día y de noche"

COLABORA

¿? **Busca claves** ¿Por qué se compara el Sol con una bola de fuego gigante? Subraya claves del texto. Encierra en un círculo claves de la foto.

Giorgio Fochesato/E+/Getty Images

El día

El Sol sale por la mañana y se esconde por la noche.

Da mucho calor y es muy brillante.

Es lo que se dice una bola de fuego gigante.

El Sol se parece a una bola de fuego gigante en que

COLABORA

Mira ¿Qué ves en el cielo de noche? Enciérralo en un círculo. Luego, dibuja el cielo de día.

LECTURA ATENTA

Acuérdate
Puedo comparar el día y la noche.

Fuse/Getty Images

En el cielo de noche se ven

Yosolita

COLABORA

Mira Cuando la mamá apaga la luz, ¿cómo muestran las ilustraciones que los juguetes cobran vida? Dibújalo.

Terry Vine/Blend Images/Alamy

Superlibro de literatura

Los juguetes

_____

- -

_____

Consejo de la semana

Marta

Cuando **vuelvo a leer**, busco claves en las ilustraciones.

COLABORA

¿? Mira ¿Cómo te ayudan las ilustraciones a comprender cuál es el cuento que cuenta Isabel? Dibújalo.

Las ilustraciones del cuento de Isabel están

_____

- -

_____

"¡A limpiar!"

COLABORA

¿? **Busca claves** ¿Cómo cambian los sentimientos del papá? ¿Cómo lo sabes? Encierra en un círculo las claves.

Laura Freeman

El padre se siente

_____

- - - - - - - - - - - - - - - - - -

_____

Ahora el padre se siente

_____

- - - - - - - - - - - - - - - - - - - -

_____

COLABORA

Escucha **¿Qué debes hacer con los juguetes después de jugar? Encierra las claves en un círculo.**

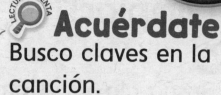

Leer juntos

LECTURA ATENTA

Acuérdate
Busco claves en la canción.

A guardar

A guardar, a guardar
cada cosa en su lugar.
Despacito y sin romper,
que mañana hay que volver.

Cuando termino de jugar,

_____

- -

_____

Me llamo Gabriela

COLABORA

Superlibro de literatura

¿? **Escucha** ¿Por qué las palabras *posa mariposa* suenan como un poema? Subraya las letras que tienen en común las dos palabras.

posa

mariposa

Las palabras *posa* y *mariposa*

_____

- - - - - - - - - - - - - - - - - - - -

_____

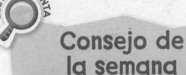

Consejo de la semana

Jerome

Cuando **vuelvo a leer**, presto atención a las rimas.

Leer juntos

Imgorthand/iStock/Getty Images Plus/Getty Images

COLABORA

Leer juntos

¿? **Mira ¿Cómo muestran las ilustraciones los tipos de cuentos que leía Gabriela cuando era pequeña? Dibújalo.**

Las ilustraciones muestran

_____

- -

_____

"¡A limpiar en equipo!"

COLABORA

¿? **Busca claves** ¿Por qué crees que el autor incluyó pies de foto en esta lectura? Subraya los pies de foto.

El árbol crecerá muy alto.

¡Bien hecho!

(l)Lori Adamski Peek/The Image Bank/Getty Images; (r)Ariel Skelley/Blend Images/Getty Images

Los pies de foto

_____

- -

_____

COLABORA

Mira ¿Cómo advirtió Paul Revere a los ciudadanos que llegaban los soldados británicos? Encierra las claves en un círculo.

Paul Revere vivió hace más de 200 años.

Los buenos ciudadanos

Así se hace el pan

COLABORA

¿? **Mira** ¿Por qué George Levenson incluye fotos de situaciones divertidas con el pan? Dibuja algo divertido que hacen los niños con el pan.

Superlibro de literatura

LECTURA ATENTA

Consejo de la semana

Ahmed

Cuando **vuelvo a leer**, busco claves en las fotos.

George Levenson quiere

_____

- - - - - - - - - - - - - - - - - - -

_____

Escucha ¿Qué palabras te ayudan a saber cómo es el trigo? Dibuja el trigo y usa esas palabras como rótulos.

El trigo parece

_____

- -

_____

Releer

"Los artistas y la naturaleza"

COLABORA

¿? **Busca claves** ¿Qué puedes aprender sobre el tejido de canastas a partir de las fotos? Encierra las claves en un círculo.

Las fotos muestran que

_____

_____

COLABORA

Mira Dibuja un elemento de la naturaleza que se haya utilizado para construir la cabaña. Escribe un rótulo.

The Jon B. Lovelace Collection of California Photographs in Carol M. Highsmith's America Project - LOC

LECTURA ATENTA

Acuérdate
Puedo buscar claves.

Esta cabaña está en Columa, California.

Podemos usar recursos naturales para construir

El pollito de la avellaneda

COLABORA

Superlibro de literatura

¿? **Escucha** ¿Por qué Antonio Rubio repite *Ande, no se haga de rogar, que se me puede ahogar?* Dibuja dos momentos en los que lo repite.

Consejo de la semana

Robert

La frase se repite para mostrar que la gallinita

_____

- -

_____

Cuando **vuelvo a leer**, presto atención a las palabras que se repiten.

Andersen Ross/Blend Images/Getty Images

COLABORA

¿? **Mira** ¿Cómo muestra Gabriel Pacheco al final del cuento que los personajes trabajan en equipo? Dibújalo.

Gabriel Pacheco muestra a todos los personajes

"¡Festival de variedades!"

COLABORA

¿? **Busca claves** ¿Por qué la primera votación no resolvió el problema? Encierra las claves en un círculo.

Leslie Harrington

¡Yo voto por actuar!

¡Yo voto por bailar!

De acuerdo, lo decidiremos juntos. ¡A votar!

¡Y yo voto por cantar!

Srta. López, ¡tengo una idea!

No se resolvió el problema porque

_____

_____

Acuérdate
Puedo conectar ideas.

Mira ¿Cómo trabajan en equipo estas nadadoras? Coméntalo con un compañero. Dibuja la figura que forman las nadadoras.

Estas nadadoras forman parte de un equipo.

©moodboard/Corbis

Cuando trabajamos en equipo,

Ni tanto

COLABORA

Leer juntos

Superlibro de literatura

¿? **Escucha ¿Qué frase se repite a lo largo de la selección? Enciérrala en un círculo.**

¡Qué patas tan cortas!

¡Qué animal tan gordo!

¡Ni tanto!

¡Qué animal tan flaco!

Se repite la frase

_____

- -

_____

©Patrick Lane/Somos Images/Corbis

LECTURA ATENTA

Consejo de la semana

Nina

Cuando **vuelvo a leer**, presto atención a las palabras que se repiten.

COLABORA

¿? **Mira** Mira la ilustración de la rana y el camaleón. ¿Qué parte del cuerpo se compara? Dibuja los animales. Escribe la parte del cuerpo que se compara.

Se compara

_____

- -

_____

"Buenos para tu salud"

COLABORA

¿? **Busca claves** ¿De qué manera la ilustración te ayuda a saber qué comer? Encierra las claves en un círculo.

Plato de alimentos

US Department of Agriculture

La ilustración muestra

_____

_____

_____

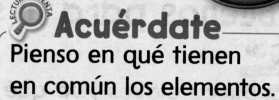

Mira Observa los siguientes elementos.
¿En qué se parecen? Escribe un rótulo.

Acuérdate
Pienso en qué tienen
en común los elementos.

Todos estos elementos

Kindergarten para pandas

COLABORA

¿? Mira ¿Cómo te ayudan las fotos a comprender cómo cuidan al panda en la guardería? Dibújalo.

Superlibro de literatura

LECTURA ATENTA

Consejo de la semana

Dan

Cuando **vuelvo a leer**, busco claves en las fotos.

En la guardería

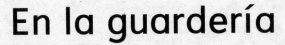

_____

- - - - - - - - - - - - - - - - - - - -

_____

Mira ¿Qué puedes aprender sobre los pandas mirando las fotos?
¿Qué aprendes con el texto? Escríbelo.

Fotos	Texto

Los pandas

_____

- -

_____

"¡Salvemos al gigante azul!"

COLABORA

Busca claves **¿Qué claves te ayudan a saber qué es una aleta caudal? Enciérralas en un círculo.**

¡Salvemos al gigante azul!

¡La ballena azul es el animal más grande de la Tierra! Vive en los océanos de todo el mundo.

Se le llama "cola", pero en realidad se trata de la *aleta caudal* de la ballena.

La ballena azul mide unos 100 pies de largo.
¡Y hay algunas que llegan a pesar 200 toneladas!

(l)SCIEPRO/Science Photo Library/Getty Images; (r)Royalty-Free/Corbis

La aleta caudal es

_____

_____

Escucha **¿Dónde se refugia del frío el hornero?**
Encierra la respuesta en un círculo.

LECTURA ATENTA

Acuérdate
Vuelvo a leer para
buscar detalles.

El hornero

La casita del hornero
tiene alcoba y tiene sala.
En la alcoba la hembra instala
justamente el nido entero.

En la sala, muy orondo,
el padre guarda la puerta,
con su camisa entreabierta
sobre su buche redondo.

Leopoldo Lugones

Natalia Allenspach/iStock/Getty Images Plus/Getty Images

Los pájaros se refugian

_____

- -

_____